AV2 SPANISH

Paso 1
Ingresa a www.openlightbox.com

Paso 2
Ingresa este código único
AVD89736

Paso 3
¡Explora tu eBook interactivo!

Todo sobre los insectos

Las avispas

Iniciar

Comparte

Tu eBook interactivo trae...

AV2 es compatible para su uso en cualquier dispositivo.

Audio
Escucha todo el lobro leído en voz alta

Videos
Mira videoclips informativos

Enlaces web
Obtén más información para investigar

¡Prueba esto!
Realiza actividades y experimentos prácticos

Palabras clave
Estudia el vocabulario y realiza una actividad para combinar las palabras

Cuestionarios
Pon a prueba tus conocimientos

Presentación de imágenes
Mira las imágenes y los subtítulos

Comparte
Comparte títulos dentro de tu Sistema de Gestión de Aprendizaje (LMS) o Sistema de Circulación de Bibliotecas

Citas
Crea referencias bibliográficas siguiendo los estilos de APA, CMOS y MLA

Este título está incluido en nuestra suscripción digital de Lightbox

Suscripción en español de K–5 por 1 año
ISBN 978-1-5105-5935-6

Accede a cientos de títulos de AV2 con nuestra suscripción digital.
Regístrate para una prueba GRATUITA en www.openlightbox.com/trial

Se garantiza que los componentes digitales de este libro estarán activos por 5 años.

Las avispas

Contenidos

- 2   Código del libro AV2
- 4   Esta es la avispa
- 6   Dónde viven
- 8   Los huevos
- 10 Las larvas de avispa
- 12 Los capullos
- 14 El aguijón
- 16 Colores brillantes
- 18 Qué comen
- 20 Su rol en la naturaleza
- 22 Datos sobre las avispas

Esta es la avispa.

Las avispas son insectos con alas.

Muchas avispas se parecen a las abejas.

Las avispas viven
en casi todo
el mundo.

Algunas viven
en grupos.
Otras viven solas.

Las avispas nacen de huevos.

Cuando nacen, parecen pequeñas babosas blancas.

Las avispas recién nacidas se llaman larvas.

Las larvas de avispa pasan todo el tiempo comiendo y creciendo.

Las larvas se envuelven en capullos.

Allí, se convierten en avispas adultas.

Las hembras tienen un aguijón puntiagudo.

Aguijón

Pican para defenderse.

Las avispas tienen colores brillantes en el cuerpo.

Los colores avisan a los demás animales que no deben molestarlas.

Muchas avispas adultas beben azúcar de las flores.

Así obtienen todo lo que necesitan para estar sanas.

Las avispas son importantes para la naturaleza.

Comen las plagas de los jardines. Algunas también llevan polen de una flor a otra y eso ayuda a que crezcan plantas nuevas.

DATOS SOBRE LAS AVISPAS

Estas páginas ofrecen información detallada sobre los interesantes datos de este libro. Están dirigidas a los adultos, como soporte, para que ayuden a los jóvenes lectores a redondear sus conocimientos sobre cada criatura presentada en la serie *Todo sobre los insectos*.

Páginas 4–5

Las avispas son insectos con alas. Los insectos son animales pequeños con seis patas, cuerpo segmentado y una coraza externa dura llamada exoesqueleto. Las avispas forman parte de un grupo de insectos llamado himenópteros, al que también pertenecen las hormigas y las abejas. Las avispas tienen cuatro alas y un cuerpo liso y esbelto con muy poco pelo. Hay más de 100 000 especies conocidas de avispas. Las más comunes son la avispa chaqueta amarilla y los avispones. Muchas avispas adultas tienen el tamaño de un clip de papel, pero algunas especies pueden llegar a medir 2,5 pulgadas (6,5 centímetros) de largo. Las avispas son más activas durante el día.

Páginas 6–7

Las avispas viven en casi todo el mundo. Viven en todos los continentes menos en la Antártida. Muchas viven en los trópicos. Se las suele encontrar en los pueblos y ciudades, cerca de los jardines de las casas. Allí, pueden hacer sus panales y encontrar comida. Muchas especies de avispas son solitarias. A menudo, estas avispas anidan en madrigueras bajo la tierra. Unas 1 000 especies de avispas son sociales. Estos tipos de avispas viven juntas en un panal llamado colonia. Las colonias pueden ser de diferente tamaño. En una misma colonia pueden vivir más de 10 000 avispas, pero la mayoría de las colonias son mucho más pequeñas.

Páginas 8–9

Las avispas nacen de huevos. Las avispas pasan por cuatro etapas de desarrollo, que son: huevo, larva, pupa y adulta. Las diferentes especies de avispas ponen sus huevos en lugares diferentes. Una avispa social generalmente hace su panal con madera masticada y saliva. El panal parece un papel gris y puede tener hasta 300 secciones llamadas celdas. La avispa alfarera construye un panal con forma de florero usando barro y saliva. Dependiendo de la especie, otras avispas pueden hacer su panal bajo la tierra o colgando de las ramas de los árboles, las cercas o los aleros. Las avispas solitarias suelen poner sus huevos sobre insectos o arañas que hayan picado y llevado a su panal.

Páginas 10–11

Las avispas bebé se llaman larvas. En la etapa de larva, las avispas pasan la mayor parte del tiempo comiendo. En las colonias de avispas sociales, las adultas llevan insectos y otros alimentos para que coman las larvas. Las avispas atrapan el alimento para sus larvas usando las partes filosas de la boca, llamadas mandíbulas. También usan las mandíbulas para cortar la comida y alimentar a las larvas. Las larvas de muchas avispas solitarias obtienen el alimento que necesitan comiéndose a los insectos o arañas sobre los que estaban sus huevos. La proteína de la dieta de las larvas les permite crecer y prepararse para la etapa adulta. Las larvas de avispa cambian su piel cinco veces a medida que crecen. Esto se llama muda.

22

Páginas 12–13

Las larvas se envuelven en capullos. Las larvas de avispa tejen un capullo de seda cuando terminan de mudar. Al hacerlo, se convierten en pupa. Dentro del capullo, las pupas pasan por un proceso de cambios llamado metamorfosis. Durante esta etapa, la pupa se convierte en adulta. Este proceso dura entre 8 y 18 días. La mayoría de las pupas de avispas sociales hembras emergen de su capullo como avispas obreras. Las obreras recolectan comida y agrandan el panal. Unas pocas avispas se convierten en reinas. Las reinas abandonan el panal para formar su propia colonia.

Páginas 14–15

Las hembras tienen un aguijón puntiagudo. La mayoría de las avispas hembras también usan su aguijón para defenderse. Ante un peligro, algunas avispas sociales pueden emanar un olor para advertir a su colonia. Las demás avispas se juntan para defender su panal. Las avispas pueden picar varias veces. La picadura de algunas avispas, como el de la avispa caza tarántulas, es extremadamente dolorosa. Las avispas liberan un veneno cuando clavan el aguijón. El lugar de la picadura puede hincharse o picar. Algunas personas son alérgicas al veneno de las avispas y pueden tener una reacción peligrosa. Si los pica una avispa, deben ir al médico. Para evitar ser picado por una avispa, hay que mantenerse lejos de los panales.

Páginas 16–17

Las avispas tienen colores brillantes en el cuerpo. Muchas especies de avispas, como las chaqueta amarilla, son de color amarillo y negro. Otras especies tienen colores diferentes, como rojo o azul. Estos colores brillantes, a veces con dibujos contrastantes, advierten a los demás animales que las avispas son peligrosas y no deben molestarlas. Muchos insectos inofensivos, como las moscas abejas, imitan la forma y los colores de las avispas para engañar a los depredadores y que los dejen tranquilos.

Páginas 18–19

Muchas avispas adultas beben azúcar de las flores. A diferencia de sus larvas, las avispas adultas solo pueden ingerir alimentos líquidos, generalmente en forma de azúcar. Obtienen gran parte de este alimento, llamado néctar, de las flores. Las avispas se sienten atraídas por el olor de ciertas flores, como las orquídeas. Suelen evitar las flores rojas y el olor de las caléndulas. Algunas avispas también comen melaza, un azúcar producido por unos insectos llamados áfidos. Las larvas de algunas avispas sociales también producen un azúcar similar para alimentar a las adultas.

Páginas 20–21

Las avispas son importantes para la naturaleza. Algunas especies de avispas ayudan a que ciertas plantas, como la higuera, se reproduzcan. Cuando se alimentan del néctar de las flores, transportan el polen a otras plantas y así hacen que crezcan nuevas semillas. Algunas avispas polinizan más de 900 especies de higueras. Si bien algunos las consideran una plaga, las avispas pueden ayudar a mantener la población de plagas bajo control comiéndose a las larvas. Actualmente, las avispas se están usando cada vez más en la agricultura como una forma ecológica de controlar las plagas.

Published by Lightbox Learning Inc.
276 5th Avenue, Suite 704 #917
New York, NY 10001
Website: www.openlightbox.com

Copyright ©2026 Lightbox Learning Inc.
All rights reserved. No part of this publication may be reproduced, stored in a retrieval system, or transmitted in any form or by any means, electronic, mechanical, photocopying, recording, or otherwise, without the prior written permission of the publisher.

Library of Congress Control Number: 2024947268

ISBN 979-8-8745-1365-8 (hardcover)
ISBN 979-8-8745-1367-2 (static multi-user eBook)
ISBN 979-8-8745-1369-6 (interactive multi-user eBook)

Printed in Guangzhou, China
1 2 3 4 5 6 7 8 9 0   29 28 27 26 25

102024
101724

Art Director: Terry Paulhus
English Project Coordinator: John Willis
Spanish Project Coordinator: Sara Cucini
English/Spanish Translation: Translation Services USA

Photo Credits
Every reasonable effort has been made to trace ownership and to obtain permission to reprint copyright material. The publisher would be pleased to have any errors or omissions brought to its attention so that they may be corrected in subsequent printings. The publisher acknowledges Alamy, Minden Pictures, Getty Images, and Shutterstock as its primary image suppliers for this title.